©2015 Lisa Puerto
Tous droits réservés
Imprimé aux États-Unis d'Amérique

Living Purple Publishing
8469 S. Van Ness Avenue, #7
Inglewood, CA 90305

ISBN: 978-0-9968311-2-3   (Paperback)

Dessin de couverture par Elijah Richard
Co-éditeur Leah Williams
Traduit par Philippe Morel

Publié par Living Purple Publishing

Aucune partie du présent document ne peut être reproduite, stockée dans un système électronique d'extraction, ni transmise, sous quelque forme que ce soit ni par aucun procédé électronique, mécanique, par photocopie, enregistrement ou autres, sans une autorisation préalable de Lisa Puerto, sauf pour une brève citation dans des publications.

Le b.a.-b de l'immobilier
Ou comment acheter une maison pour les ados

LISA PUERTO

©2015 Lisa Puerto

A tous les pré-ados et ados qui osent clamer que le monde de l'immobilier n'est pas juste pour les adultes—ton expérience en matière d'achat de maison compte aussi!

CONTENTS

La belle affaire avec ce livre   11

Chapitre 1:
QUI COUVRE TES ARRIÈRES
Relations avec les agences   23

Chapitre 2:

METS DE L'ORDRE DANS TES TUN€S
Financement   41

Chapitre 3:
QUE L'ACHAT ET LA VENTE COMMENCE
Dépôt   61

Remerciements   73
Au sujet de l'auteur   81
Tagger et suivre   82

LA BELLE AFFAIRE AVEC CE LIVRE

Salut toi,

     Tu te demandes sans-doute comment ce livre peut même exister et pourquoi il s'adresse à des jeunes gens comme toi. Je vais essayer de ne pas t'ennuyer, promis. Alors que tu parcoures ces pages, tu vas t'apercevoir que le sujet de la propriété immobilière va vite devenir un de tes rêves si ce n'est pas déjà le cas! J'espère te faire passer du rêve de ce à quoi ta maison pourrait ressembler à comment tu achèteras cette maison. Je réalise que ces pensées sont deux processus différents pour toi actuellement. La finalité de tout ça est de réaliser dans la vrai vie les choses que tu auras besoin de savoir au sujet de l'achat de maison et l'immobilier. À vrai dire, tu es des années lumières en avance sur tes pairs plus âgés puisque tu lis ce livre.

Quand j'étais au collège et au Lycée, je ne me sentais pas concerné par le monde financier qui m'entourait ou par les responsabilités propre aux adultes, telles que payer des factures, acheter une voiture, travailler, ou encore même devenir un jour une propriétaire immobilier. J'étais trop occuper avec mes activités quotidiennes telles que mes devoirs scolaires, les tâches ménagères, et traîner avec mes amis. En vieillissant, ces activités sont peu à peu remplacées par des études pour un examen universitaire ou un travail (encore de l'école et du travail); la cuisine, le ménage de votre maison (encore des corvées ménagères); et la mise à jour de sites de réseaux sociaux (et traîner encore avec ses amis). Tu vois, la seule différence, c'est que tu es plus vieux.

Et je pense qu'il est donc judicieux que tu comprennes quelques règles de base relatives à l'achat d'une maison car tu finiras par devenir suffisamment vieux pour gagner ta vie, construire une carrière, créer une famille, et faire en sorte d'établir des racines dans la ville où tu vis... tous les trucs d'adultes qui vont bientôt arriver—ô joie!

La chose la plus importante est de comprendre quand c'est ton tour d'acheter un bien immobilier, et de savoir que tu n'es pas obligé de le faire de la même façon que tes parents. J'espère t'aider à comprendre des points importants au sujet du processus d'achat que tant de membres de ta famille et de tes amis ne savaient pas lorsqu'ils ont décidé de faire de la propriété immobilière une réalité. . Ce que j'appellerai les *implants cérébraux* feront référence aux idées que tu as déjà au sujet de l'achat de maison et ce à partir de ce que tu as déjà pu entendre, voir ou lire ici et là. Pour être tout à fait honnête, ces quelques dernières années, les informations relatives au marché de l'immobilier n'ont pas été toute positives. Tu as probablement entendu parler de ces cool histoires au sujet de personnes avec des liquidités soudaines achetant tout un tas de cool trucs comme des voitures, des bâteaux, des rénovations de logement, d'autres biens immobiliers, et la liste est longue. Ce phénomène est connu sous le nom de *boom* immobilier car la valeur immobilière monte. Puis, vous entendez les histoires tristes de gens perdant soudainement leurs maisons, de maisons qui «prennent» feu, d'arnaques immobilières, de fermetures de banques, et cette liste est bien aussi longue. On parle ici de *crash* immobilier car la valeur immobilière s'effondre. Ce sont des principes économiques de base – l'économie passe par des cycles de boom et de crash.

Dans ce livre, je qualifierai ces idées reçues d' «implants cérébraux» afin qu'elles soient plus faciles à identifier lorsque tu y es confronté, ou afin que tu puisses te référer à ce livre comme un guide lorsque tu franchira le pont de l'achat de maison. À la fin de ta lecture, tu devrais posséder une connaissance basique des droits dont tu disposes en tant que client de l'immobilier et être confiant quand tu commenceras ton aventure dans l'achat de maison.

Cependant, je souhaite que ce soit ta première expérience d'achat de maison.

Tu apprends à être un consommateur en prenant pour modèle ce que tu vois, et jusqu'à un certain point, tes parents/grandsparents/oncles/cousins ont été des enfants (moi y compris) qui apprenaient de ce que leur(s) famille/amis ont fait ou n'ont pas fait quand il s'est agi de prendre des décisions immobilières. Les habitudes que nous apprenons continuent d'une génération à une autre.

J'ai réalisé par la suite que l'immobilier devrait sans-doute être introduit à un niveau personnel, plus tôt que plus tard dans la vie alors que l'implantation cérébrale a déjà eu lieu. Tu vois, l'école apprend les bases de la lecture, des maths, de l'histoire, et de la science.

Pourqoi? Peut-être car tu finiras par les utiliser dans ta vie de tous les jours afin dêtre un citoyen fonctionnel de ce pays, ou car ce sont des outils de survie, pas vrai? Il en va de même pour les leçons que nous apprenons à propos de l'immobilier... La plupart de ce que nous voyons aujourd'hui dans l'immobilier a des ramifications historiques que nous négligeons. Je ne veux plus que tu les ignores car quand tu seras adulte, tu devras toi aussi prendre des décisions à leur sujet!

En vue de comprendre l'expérience d'achat de maison en tant que "acheteur d'une première maison", il est judicieux de commencer une étape plus tôt. Actuellement, tout acheteur d'une première maison qui entre sur le marché prendra un cours intensif d'immobilier (b.a -ba de l'immobilier pour les agents) et cela peut s'avérer oppressant car c'est nouveau. Je suggère donc qu'il y ait un prérequis ou un cours de débutant précédant ce cours intensif qui commencerait avant que tu ne passes ton bac, au lycée, et qu'on pourrait appeler "b.a -B de l'immobilier"

Le fait d'attendre des années pour apprendre les bases de la prise de décision financière, de la dépense responsable, et de comment mener ses affaires avec intégrité a fini par nous causer des problèmes micro et macro économiques au fil des années. Par conséquent, permet-moi d'être la première à te laisser bouche ... b.a-B de l'immobilier...

Chapitre 1
QUI COUVRE TES ARRIÈRES
Relations avec les agences

CHAPITRE 1
QUI ASSURE TES ARRIÈRES

Relations Avec Les Agences

« Tout le monde travaille pour quelqu'un »

Considère cette section comme une introduction aux acteurs clés du domaine de l'immobilier. Je ne vais pas m'attarder sur la nécessité d'économiser en vue d'acheter une maison, car que j'ai confiance en ta capacité de déjà savoir faire ça. Tu es stratégique quand il s'agit d'économiser pour les dernières chaussures à la mode, les derniers vêtements, et les jeux vidéo. Économiser pour un achat si important tel qu'une maison fonctionne de la même façon. Cela nécessite de la concentration, des économies et des dépenses, et énormément de patience. Écoute, à moins que tu n'hérites d'une large somme d'argent (un vrai coup de pouce), tu auras besoin d'aide pour un investissement aussi important qu'une maison, et souvent tu devras emprunter de l'argent, ou un <u>financement</u>, d'une banque, d'un organisme de crédit, ou du secteur privé, que l'on nomme des <u>prêteurs</u>. Le montant que tu empruntes et rembourses au prêteur sous forme de plus petits paiements au cours d'une période de temps prédéfinie se nomme un <u>prêt immobilier</u>. Note également qu'emprunter de l'argent n'est pas gratuit—les prêteurs te factureront des frais, ou un coût afin d'emprunter leur argent, c'est ce qu'on appelle des <u>intérêts</u>. L'argent que tu économises, que l'on appelle un <u>acompte</u>, plus le montant que tu empruntes s'ajouteront au montant total que tu peux utiliser Ne te fais pas de soucis au sujet de la somme nécessaire à économiser, il existe de nombreux programmes qui peuvent t'aider à acheter, mais disposer d'une bonne somme (3%-5%) d'argent mise de côté te donnera vraiment un avantage quand il s'agit d'acheter ce que tu désires en terme du style et de la taille de ta maison.   Souviens-toi quand tu estimais la nouvelle console de jeux vidéo ou les nouvelles chaussures- tu savais précisément combien économiser afin de l'acheter.. Et bien, il s'avère qu'acheter une maison fonctionne de la même façon. Quand tu commenceras ta recherche, très probablement par le biais d'une recherche internet, tu auras une idée de combien d'argent tu as besoin pour acheter une maison

Il y a de grands avantages à comprendre cette section quand tu commenceras ton expérience propre à l'achat d'une maison, principalement car tu auras à choisir qui est de ton côté!

Crois-moi ou pas, la plupart des adultes ne réalisent pas qu'ils peuvent choisir qui travaillent avec eux. Qu'ils vendent une maison ou qu'ils

---

Conseil: Fais quelques recherches de détective au sujet de ton agent. Vérifie le nom et le numéro de licence de tout agent afin de voir s'il a commis des violations, vérifie le statut de se licence, etc.
Visite le département du site internet immobilier de ta région. Par exemple, les résidents Californiens peuvent visiter www.bre.ca.gov pour

l'achètent. Voilà donc les acteurs du secteur: Acheteur, Vendeur, et Agent(s) Immobilier, et oui il peut y avoir plus qu'un agent au cours d'une transaction ou d'une vente immobilière. Ton agent immobilier agit en tant que ton l'entraîneur personnel qui prend les décisions mais **pas** sans ton accord préalable!

> Salut, une question rapide: Est-ce vrai que les Acheteurs doivent payer pour un agent afin qu'il les représente pour une vente?

Nann ce n'est pas vrai! C'est à la charge de l'agent du Vendeur. C'est déjà inclus dans le prix de vente.

> Cool! Car je n'ai pas ce type d' € € € de toutE façon. LOL

Ce qui m'ammène a l'**implant cérébral N°1**: «Les acheteurs doivent payer pour être Représenté par un Agent» Nan. C'est pas vrai. On parle de Représentation par un Agent, et ce n'est pas <u>toujours</u> vrai. L'Agent de l'Acheteur est payé par le biais d'une commission partagée (paiement) prédéfinie par l'agent du vendeur. Par exemple, tu recrutes un agent immobilier pour être à tes côtés en vue de t'aider à chercher et à trouver une maison; préparer un contrat de la façon dont tu souhaites acheter une maison et pour combien, que l'on appelle une <u>Offre de Contrat d'Achat.</u>

Si le Vendeur accepte ton Offre, l'agent immobilier du Vendeur paiera ensuite ton agent pour l'offre que tu as acceptée. Le paiement intervient une fois que tous les termes ou les accords prédéterminés du contrat ont été complétés; ce processus se nomme clôture <u>de dépôt</u>

Dans l'immobilier, tu es tenu en tant qu'acheteur ou vendeur de comprendre qui travaille pour qui dans le cadre d'une transaction immobilière. La raison en est que ton agent te doit un plus grand sens de responsabilité en termes de confiance et de fidélité en sa qualité d'agent. Ce qui signifie qu'on attend d'eux qu'ils aient tes meilleurs intérêts en tête avant toute autre considération et qui que ce soit. Et donc assure-toi de savoir qui assurent tes arrières.

Slt! Je pensais me rendre à une journée porte-ouverte... Est-ce vrai qu'un agent porte-ouverte est aussi l'agent du vendeur?

Salut! C'est pas vrai non plus, car parfois l'agent du vendeur autorise d'autres agents à tenir une porte-ouverte sur leurS listes aussi. On s'voit @ la porte ouverte

Bon à savoir! Juste au cas ou je décide de travailler avec le 1er agent que je rencontre à la prochaine journée porte-ouverte que je visite ...merci!

Tu as déjà prêté attention à ces pancartes pour des journées porte-ouverte dans ton voisinage? Peut-être même en as-tu renversé quelques-unes sur ton trajet pour l'école ou au magasin juste pour le fun, ou encore tourné la pancarte dans la direction opposée afin de diriger les gens dans la mauvaise direction et qu'ils ne trouvent pas la maison... sérieux, évite cette tentation. (Bien que ce soit fun quand on y pense bien ☺)

Blague mis a part, il existe un autre implant cérébral au sujet des journées porte-ouverte— **implant cérébral N°2**: «L'agent porte-ouverte est également l'agent du vendeur.»

Faux! La raison pour laquelle c'est inexact et important de le savoir, c'est parce que l'agent qui organise la journée porte-ouverte pour une visite de courtoisie du public, est souvent une personne comme moi.

Quelqu'un qui adore engager la conversation avec les acheteurs quant à ce qu'il devrait savoir au sujet de l'expérience de l'achat d'une maison.. Bien souvent, je ne travaille pas pour le vendeur quand je fais ça. C'est un moment pour me plaisir car ça me donne l'occasion de rencontrer et d'accueillir des gens comme toi qui viennent avec leur famille ou leurs amis, et tu es aussi curieux qu'ils le sont sur ce qu'il y a dans la maison. Quelqu'un comme moi t' accueille avec un sourire avenant et chaleureux , et est prête à répondre à toutes les questions que tu pourrais avoir. Ce qu'il y a de cool, c'est que tu n'es pas timide pour me poser des questions, et que tu poses effectivement de très bonnes questions que des personnes plus âgées, parfois, ne poseront ou ne poseraient pas. Pour cette raison, j'ai confiance en toi et **tu es prêt** à connaître ce sujet.

Ce qu'il y a d'intéressant et de triste à la fois au sujet de la prochaine idée reçue, c'est que tant de gens le croient —Implant cérébral #3: «L'agent du vendeur ne travaillera pas avec mon agent.» Beurk! Qui a dit ça? Pas moyen, c'est pas vrai! Tu te rends compte à quel point ça me fait bondir, pouah. C'est comme acheter un jeux vidéo pour deux joueurs, et dire ensuite à l'autre joueur que tu ne dois utiliser qu'une manette pour jouer, bof? Tu réalises à quel point ce serait problématique, presque injuste, pas vrai? Je suis d'accord, c'est pour ça que tu devrais savoir que le Vendeur peut choisir qui il

> J'ai entendu que quand tu achètes une maison si tu as ton propre agent, dans ce k l'agent du vendeur n'acceptera pas mon offre

Quoi!?! Qui a dit ça??? Pas vrai, l'agent du vendeur sera content de savoir que ton agent t'a considéré comme étant capable d'acheter une maison.

> Ah, ok! Bien, car je veux avoir recours à mon propre agent pour m'aider dans mes recherches et établir une offre qui me bénéficiera:)

veut pour le représenter, et tu disposes de ces mêmes droits en tant qu'acheteur. Ne te sent pas intimidé au sujet du fait que l'autre parti ne voudra pas jouer (ou vendre) car tu as emmené avec toi ton propre l'entraîneur à la partie. Cela permet en fait de créer une surface de jeux nivelée et équitable. Faites vos jeux!

Chapitre 2
METS DE L'ORDRE DANS TES TUNES
Financement

Chapitre 2
METS DE L'ORDRE DANS TES TUNES
Financement

«Où l'obtenir et pourquoi c'est important»

Es-tu déjà rentré dans un magasin et puis tu as commencé à remplir ton cadis avec tout un tas de trucs que tu savais qu'il te fallait avoir, pour enfin parvenir à la caisse et réaliser que tu n'avais pas assez pour tout payer dans ton panier? C'est pas un bon sentiment, pas vrai? Tu as dû soit reposer certains articles, ou juste annuler ta commande complètement. (ça m'est déjà arrivée, pas cool du tout quand il y a une longue file d'attente). Ça me sidère que certains adultes achètent avant qu'ils soient certains de ce qu'ils peuvent se permettre. C'est pas conseillé quand tu commences le processus d'achat d'une maison. La préparation de l'achat d'une maison se doit d'être gérée avec précaution et des détails précis sur l'aspect monétaire relatif à l'achat.

À partir du moment où tu es prêt à résoudre les questions monétaires, tu auras déjà économisé pour un acompte et tu seras prêt à faire une demande de fonds additionnels de la part d'un prêteur. Il est judicieux de connaître tes limites d'achat avant de commencer à acheter. Il existe un moyen très simple de résoudre l'équation de combien tu devrais dépenser sur ta maison. Souviens-toi, un peu plus tôt dans l'intro, j'ai fait mention du paiement des factures? Et bien, le prêt immobilier de ta maison fera partie de ces factures régulières, et il existe une formule très simple à suivre (Ne te fais pas de souci, je ne vais paste faire apprendre des formules immobilières compliquées, promis). Les paiements mensuels sur ta maison ne devraient pas être plus d'un tiers (1/3) de ton revenu mensuel (l'argent gagné). Par exemple, tu gagnes 4500$ chaque moi. Tu prends 4500$ et tu les multiplies par 1/3, ce qui équivaut à 1500$, voir Ex 1. Cela signifie que 1500$ est le montant que tes paiements mensuels de maison ne devraient pas excéder. Facile, pas vrai? Ne te fais pas de souci au sujet des calculs et d'autres facteurs impliqués dans le financement[1] , il existe un professionnel que tu peux embaucher pour t'aider avec ça.

> Ex. 1: 4500$ (revenu) x 1/3 (limite)
> = $1,500, paiement de maison mensuel

---

[1] Il existe de nombreux autres termes techniques à apprendre tels que points, commission de montage,TPA, etc, vous pouvez m'envoyer un email à info@realestate100.net pour en savoir plus.

> Wesh! J'imagine que ça n'a pas d'importance qui j'utilise pour mon prêt parce que les cOurtiers sont comme les baNquiers, pas vrai???

Contente d'entendre que tu envisages de mettre tes € en ordre. Et NON, ça A de l'importance et ils ne sont PAS les mêmes... appelle-moi quand tu peux parler

> Ok, dans une minute. Je me souviens que tu as dit quelque-chose sur le fait que l'un prêtait ses propres €. Je t'appelle

Implant cérébral N° 4: «Un courtier en hypothèques est la même chose qu'un banquier en prêts hypothécaires.». Très faux. Il se trouve qu'il existe encore un autre avantage à ce jeu immobilier car tu peux choisir un autre co-équipier qui travaillera pour toi. Tout ceci contribue en partie à mettre de l'ordre dans tes sous (pas dans tes poux), et les choix qui s'offrent à toi sont soit un courtier en hypothèques ou un banquier en hypothèques.

Il est très important de comprendre les différences entre ces deux protagonistes de jeux additionnels. Le courtier en hypothèques est quelqu'un qui aidera à faire son «shopping» de financement de la part de différents prêteurs ou, dans certains cas, qui prêteront des fonds de la part de leurs propres fonds contrôlés par des courtiers et qui, bien souvent, vendent à de larges institutions financières. Les courtiers en hypothèques peuvent te facturer, et te factureront, des frais pour t'avoir aidé à trouver un prêteur qui fournira effectivement l'argent complémentaire dont tu as besoin pour acheter une maison. Les courtiers en hypothèques assistent normalement les acheteurs qui seraient probablement incapables d'obtenir un prêt d'un prêteur direct du fait d'un historique de crédit défavorable. Cette assistance ajoute au coût total d'emprunt d'argent de la part d'un prêteur direct.

> Conseil: Le montant que le prêteur approuve que tu empruntes ne signifie pas que tu dois tout le dépenser. C'est juste un montant qui est à ta disposition. Tu te souviens du panier de course?

Les banquiers en hypothèques travaillent directement pour un prêteur direct qui va te fournir un financement.

Un banquier en hypothèques peut proposer différents scénarios de ce qui pourrait constituer le meilleur type de prêt pour toi. Les estimations du prêteur qui te sont fournies, sont basées sur leurs propres exigences requises pour être admissible <u>pour leur programmes de prêts</u>. Au bout du compte, c'est à toi de prendre la décision..

J'aime rappeler a mes clients que la vie après ils ont achete une maison devrait rester la meme qu'avant l'achat. Ce qui signifie que si tu empruntes le montant maximum approuvé par le prêteur, dans ce cas la vie à laquelle tu étais habitué, par exemple: aller au cinéma, faire du shopping, manger au restaurant, pourrait s'en voir limitée, voire considérablement réduite. Ce n'est pas drôle et ce rêve de maison peut rapidement tourner au cauchemar! As-tu déjà entendu maman et papa dirent par frustration «Non, nous ne pouvons pas sortir dîner ce soir!» ou encore «...je n'ai pas d'argent pour ça!» Parfois, la vie peut devenir un peu intense lorsque tu a pris trop de risques, et le fait d'être redevable (endetté) à quelqu'un aura toujours cet effet sur toi. Sois judicieux dans tes décisions financières. Tu n'as pas à prendre pour modèle les choix que tu as pu voir (s'ils sont négatifs). Car après tout— ce sont tes choix à prendre quand ce sera ton tour de les prendre..

    Une fois que tu auras décidé qui t'aidera avec le financement (courtier en hypothèques ou banquier en hypothèques), il te sera demandé de fournir des documents relatifs à combien tu gagnes, l'acompte économisé, et une copie de ton rapport de crédit. Les rapports de crédit sont une partie importante du financement car ils fournissent un aperçu indiquant à quel point tu as bien géré ton argent jusqu'à maintenant. Tu entendras beaucoup plus parlé de pointage de crédit et de rapport de crédit quand tu seras prêt à louer un appartement, acheter un téléphone portable, financer une voiture, etc.

    Les rapports de crédit sont similaires aux rapports de progrès scolaires dans la mesure où ils suivent tes performance relatives à un sujet spécifique que l'on appelle la "gestion Monétaire". Si le prêteur détermine que tu es élligible pour un prêt, il fournira une lettre de pré-approbation conditonnelle. Si tu n'es pas accepté à ce moment, le prêteur fera des recommendations au sujet de ce qui améilorera ton scénario de prêt et ton élligibilité pour la prochaine fois.

.

2:15 PM 44%

Messages **Lisa** **Modifier**

> ..heu, une autre question, si je suis présélectionné pour acheter une maison, je suis donc prêt à soumettre une offre pour acheter, pas vrai?

> Être préselectionné n'est pas la même chose qu'être pré-approuvé. Tu dois passer quelques étapes en plus telles que compléter une demande de prêt, présenter une justiificatif de revenu, vérifier ton pointage de crédit avt que tu soumettes ton offre.

> Ah OK, j'ai compris, je dois donc vérifier si je peux être pré-approuvé pour un prêt, et ENSUITE, en se basant la-dessus, je sais combien je peux me permettre de dépenser (ou pas)...cool! J'ai compris

 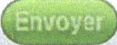

Un implant cérébral courant parmi les acheteurs au sujet de ce type de lettre est l'**implant cérébral N°5**: «Présélectionné est la même chose que pré-approuvé.»

Le fait de ne pas savoir que c'est parfaitement faux peut te coûter gros en matière de temps et d'argent. Un courtier en hypothèques qui n'est pas un prêteur direct, peut recueillir des informations concernant tes revenus, tes économies, et tes rapports de crédit et fournir une lettre de pré-qualification. Toutefois, cette lettre ne dit pas qu'il te sera prêté de l'argent pour acheter une maison. Cela signifie simplement que tu pourrais être éligible pour recevoir un montant spécifique. Si tu décidais de prendre cette lettre et de la présenter avec une offre, cela reviendrait au même que de remplir ton panier de course sans avoir d'argent pour payer une fois que tu arrives à la caisse. Ne fais pas cette erreur.

Alors que si tu complètes une demande de prêt, que tu fournis toutes les informations que j'ai mentionnées plus haut à un prêteur direct, et que tu es considéré comme un bon candidat pour un prêt, dans ce cas le prêteur peut fournir une pré-approbation de prêt conditionnelle.

C'est aussi bien que d'avoir de l'argent à la banque quand ton panier de course et plein et que tu es prêt à passer à la caisse. Le fait d'avoir ce bout de papier permettra à ton agent immobilier et au vendeur de savoir que tes sous sont en ordre.

Ne te laisse pas induire en erreur en pensant que le financement est garanti car il ne l'est pas! Les garanties finales interviennent au cours du processus de dépôt et sont finalisées une fois que toutes les exigences sont remplies par toi et les termes de l'Offre d'Achat acceptée. C'est à ce moment que tu devrais prêter attention à tous les documents que tu recevras de la part du prêteur. Assure-toi également de confirmer avec ton courtier en hypothèques ou ton banquier en hypothèques où il est stipulé sur les documents les termes de ton prêt, le taux d'intérêt, et les paiements, y compris tout honoraires du courtier en hypothèques ou du prêteur.

Je m'attend à ce que tu utilises tes capacités à comparer quand tu fais du shopping, lorsque tu décideras du meilleur prêt immobilier pour ton achat. C'est normalement la partie ou beaucoup de gens deviennent confus et facilement perdus. Le secteur des prêts a tellement changé au fil des années, et il continue de changer. Il est désormais bien plus facile de comprendre les coûts entre différents programmes de prêt proposés par des prêteurs concurrents. (Du moins, cela en était l'intention)

> Conseil: Souviens-toi qu'embaucher un Courtier en Hypothèques ou un banquier en hypothèques afin de t'aider avec le financement signifie qu'il travaille pour toi et qu'il devrait garder en tête tes meilleurs intérêts.

Laisse à ton agent ou à ton courtier en hypothèques ou à ton banquier en hypothèques le soin de t'expliquer, voir même de te faire des dessins pour bien clarifier ce point Sans quoi le reste de l'expérience peut devenir intense. Souviens-toi que l'équipe que tu choisis est là pour t'aider.

Chapitre 3
QUE L'ACHAT ET LA VENTE COMMENCE
Dépôt

Chapitre 3

QUE L'ACHAT ET LA VENTE COMMENCE

Dépôt

«Dans le jeu de l'immobilier, les meilleures offres bénéficient à tous les joueurs»

Tu as tout tes coéquipiers, ton argent est en ordre, et tu as trouvé la maison parfaite. Il est temps de faire une offre d'achat.

Cela va nécessiter une négociation des bons termes et du bon prix pour acheter. Ton agent immobilier t'aide avec les termes du contrat, et ne sois pas timide pour poser des questions lorsque quelque-chose n'est pas clair. Pour des raisons que j'ignore, les adultes perdent cette curiosité innée qu'ils avaient quand ils avaient ton âge. Au moment d'écrire ton offre, tu rédigeras un chèque pour ton Dépôt de Bonne Foi. C'est optionnel (à moins que tu ne participes à un programme spécifique d'achat de maison), mais avoir un chèque correspondant à une partie de ton acompte indique au vendeur que tu es sérieux, et que tu peux assurer ce que ton offre avance. Tu as sans doute déjà entendu l'expression «Joindre l'acte à la parole...» (et bien, c'est la même idée). Une fois que tu as présenté une offre à un vendeur de propriété, et que ton offre est acceptée, les jeux du tournoi commencent.

 Cela dépend de la région dans laquelle tu te trouves pour déterminer si un administrateur de dépôt ou un avocat spécialisé dans l'immobilier agira en tant que parti neutre dans le cadre de cette transaction. Dans un cas comme dans l'autre, l'objectif du dépôt est de s'assurer que tous les termes du contrat/offre sont menés à bien par chaque joueur. Une partie importante des termes de ton contrat est une expression que j'ai appelé «ATIM». Quand tu rédiges ton offre avec un agent, assure-toi de lui dire que tu veux que ce soit «ATIM». C'est un acronyme pour «Achat Tributaire de l'Inspection de la Maison». Le fait d'avoir cette clause importante (condition) figurant sur ton offre signifie que tu as spécifié au vendeur que ton offre dépend des résultats et des conclusions d'une inspection de la maison à tes frais et que tu as approuvé.

En d'autres termes, tu dois savoir dans quoi tu t'embarques avant de t'engager à l'acheter. Une autre conception erronée courante au sujet de l'inspection de maison est l'**implant cérébral N°6**: «« Les inspections de maison avant-vente sont optionnelles» D'après ce que j'ai dit, tu t'imagines sans doute que c'est optionnel si tu dois payer pour, pas vrai? Faux. Il existe différents types d'inspections de maison pré-vente qui comprennent des inspections de la ville qui doivent être complétées avant la clôture du dépôt, ou le transfert de propriété de l'acheteur au vendeur. En fonction de la ville où la propriété est située, il existe des lois propres à la ville en question qui exigent ce rapport d' "acheteur-

Lisa

> Je dois pas avoir une inspection de maison si je n'en veux pas, pas vrai?

> Pas vrai mon ami... même si tu ne voulais pas une inspection de ta propre maison, certaines villes requièrent que la propriété ait une inspection de maison "pré-vente". Requis et pour une bonne raison aussi!

> J'imagine que c'est une bonne chose car j'en saurais plus à propos des modifications qui ont été faites sur la maison et si il y a d'autres violations et tout ça...

attentionné" Par exemple, ce rapport d'inspection pourrait révéler des ajouts illégaux (tels qu'une salle de bain qui aurait été ajoutée à côté de la cuisine, et ce sans permis préalable, des détecteurs de fumée manquants ou défectueux, des installations de fenêtres inappropriées, et la liste continue avec de mauvais(es) travaux/amélioraions).

    L'acheteur et le vendeur peuvent négocier de qui sera responsable pour le paiement de ce type d'inspection de la ville ainsi que de qui sera responsable de corriger les problèmes qui n'auraient pas été révélés lors du rapport d'inspection.

.

> 🎵 **Conseil**: Tu peux choisir tes propres Inspecteurs de Maison, mais PAS tes Inspecteurs de la Ville.

Lisa

> Pardon mais j'avais une autre question à propos des € € € ... J'ai entendu que si je n'achète pas la maison, le vendeur peut garder mon dépôt de garantie.

> Pas de soucis, et c'est pas du tout vrai! Ton agent travaille pour toi et il peut t'aider à annuler ton offre dans la limite de tes droits contractuels pour conserver ton dépôt.

> ... c'est très bon à savoir! J'étais en soucis car je ne tiens pas à perdre de l'argent sur une maison si je décide de na pas l'acheter! Ça, c'est une discussion.

Si tu décides à ce moment du jeu que tu ne souhaites pas donner suite à l'achat de cette masion car le rapport d'inspection a révélé plus de défaillances que tu ne sauras en mesure de pouvoir gérer financièrement, ou que le vendeur n'est pas décidé à réparer lui-même, dans ce cas tu peux annuler ton accord d'acheter. Tu es dans tes droits de procéder ainsi, reporte-toi à l'ACTIM. Très souvent les acheteurs sont incertains à propos de cette partie relative à l'annulation d'un contrat et ils se soucient de l'**implant cérébral N°7**: «Le vendeur peut conserver mon dépôt de garantie si je n'achète pas la maison.» Wow! Tellement pas vrai à tellement de niveaux....

Ce qu'il y a de mieux quand on détricote la vérité au sujet de l'implant cérébral N°1, c'est que tu as appris avant d'arriver à cette étape que l'Agent d'un Acheteur est dans ton équipe pour t'aider et te conseiller à travers cette expérience. Il en va de la responsabilité et du devoir de ton agent d'être capable de mettre à ta disposition un contrat d'achat dont tu peux t'extraire légalement sans pour autant perdre ton dépôt de bonne foi, ou ton argent.

Si tu décides de rester dans le jeux, dans ce cas ce qui se produit après les inspections/ou négociations de réparation se fait rapidement. Ton prêteur finalise les termes du prêt pour le montant que tu emprunteras pour acheter la maison, et dans l'immobilier, nous avons un jour très spécial que nous appelons le "Jour-D" ou "Jours des docus". Les agents, les officiers en titre, les officiers de dépôt, les prêteurs, les évaluateurs, les assureurs (tous des joueurs dans le tournois) se mettent en place pour finaliser l'échange entre l'Acheteur et le Vendeur. Tu seras convoqué en vue de signer un dossier de documents final qui comprennent les informations relatives au transfert de titre et au prêt.

Cela autorise le prêteur à payer pour la maison de ta part, à transférer le titre (acte de fiducie), à sefaire enregistrer avec le bureau des enregistrements de la région, et tu en es ensuite officiellement le propriétaire!

> 🏌 **Conseil: Les acheteurs peuvent choisir d'annuler légalement un contrat et conserver leurs droits sur leur dépôt de garantie. Reporte-toi à ton offre et à tes conditions.**

Félicitations, tu viens d'acheter ta/ton premièr(e) maison/bien immobilier, et tu l'as fait en connaissant les pièges à éviter et les erreurs à ne pas commettre. Ça sera un achat émotionnel, mais au moins tu n'auras pas le surplus de stress qui caractérise le fait de ne pas savoir à quoi s'attendre. Tu as acquis les fondamentaux à l'école, tels que l'apprentissage de la lecture et la résolution de problèmes de math, tu peux à présent ajouter ça à ta liste.

Quand tu seras prêt à réaliser ce rêve, tâche de bien te rappeler des implants cérébraux et des conseils contenus dans ce livre afin de

> Conseil: assure-toi de bien comprendre ce que tu signes.

te rafraîchir la mémoire. Tu feras des tonnes de recherches en ligne, encore plus de surcharge de renseignements, et tu réaliseras par la suite qu'il est difficile de trier toutes les informations exactes de celles qui sont mauvaises.

Typiquement, la recherche d'appartement démarre avant que tu n'appelles un agent, et donc après beaucoup de recherche, tu contacteras un agent qui peut t'aider dans cette partie initiale du jeux. Cherche un agent qui soit transparent. Cherche quelqu'un qui est ouvert aux questions et au partage d'informations que tu ne connais pas encore

Pose des question, sois dynamique, et sois confiant sur la fait que tu trouveras quelqu'un à qui tu peux faire confiance.

Joyeuse conquête immobilière!

Lisa Puerto, Agent Spécial

REMERCIEMENTS

Je tiens à remercier DIEU le créateur pour cette mission créative consistant à prêter ma voix et mon expérience à la communauté des jeunes. Cela a été un honneur d'être utilisée de la sorte en vue d'interpeller les jeunes penseurs, les rêveurs, et les croyants.

Je tiens également à remercier ma fille Leah pour son inspiration et ses rappels constants de tout «décomposer» à son niveau. Leah, tu as été la meilleure compagne «porte-ouverte». Tu m'as critiqué sur mes présentations, ma posture, et nous nous sommes moquées l'une de l'autre pendant que nous attendions les acheteurs. Tu as permis de rendre la tenue d'événements porte-ouverte une activité fun, merci à toi! Je souhaite également remercier mon fils Leithen pour la joie et le bonheur qu'il ajoute à ma vie, et le rappel de l'avenir éclatant dont nous sommes responsables de créer pour nos enfants. Linden, j'aimerais te remercier pour nos enfants et notre parcours.

J'aimerais également remercier les femmes de ma vie qui ont été des agents spéciaux à leurs façons: Mamie Sheila Puerto, ma maman Christina Puerto, Elvinia Williams, et Joshia Puerto. Vous n'êtes pas égoïste dans votre être et vous le réalisez loyalement du moment ou vous ouvrez les yeux jusqu'au moment où vous les fermez. Vous êtes des gardiens et des travailleurs de DIEU, tendant une main à ceux dans le besoin. Je vous aime profondément.

Je veux adresser des remerciements spéciaux à Jorge «G» Horta et à Andrew Williams pour être des hommes qui ont soutenu ma carrière de la manière dont vous l'avez fait.

Je tiens à dire un mot à mon frère Javier Beltran et à ma sœur Angelique Horta: pour être les meilleurs que DIEU vous demande d'être, je vous aime profondément. À Brittney Williams et Andrew Jr "June" Williams: Merci pour votre soutien et votre amour continuel de votre nièce et de votre neveu. Je vous aime tous comme mes enfants.

J'envoie également de l'amour à tous mes cousins Ronnie, Maya, leur mère et ma tente Martha; mes cousins William et Alexander et leur mère, ma tente Vianney; mes neveux Anthony, Ashton, Aidan, Jonathan et leur mère Jenny. Manuel Mario, mon espoir réside dans le fait que tu vois le Roi en toi pour ton héritage qui comprend Alexis, Autumn, et Emmanuel. Et ma jeune princesse Malaya et Prince Jomari, je vous aime! Je l'ai écrit en pensant à vous tous comme étant l'avenir et tout en sachant que vous prendrez part à quelque chose de grand à vos manières.

    Un remerciement spécial à mes nouveaux, actuels, et futurs clients qui ont tous une place très spéciale dans mon coeur. À Eric et Cindy Nunez, qui ont pavé le chemin pour leurs propres familles et ont fait de l'expérience de l'achat de maison un rite de passage. Je chante vos louanges pour vos exemples et la confiance que vous m'avez accordée encore et encore, de peur de me répéter, comme votre agent spécial.

À Damien Shampine qui m'a montré votre but, votre grandeur, votre esprit, me permettant ainsi de voir le mien. Namasté, et pour cela et bien d'avanatge, je vous suis reconnaissante à jamais et je vous aime de toute mon Âme. À votre fille Jada et votre fils Damien Jr, que vous puissiez tout deux réaliser votre grandeur intérieur et savoir qu'elle est vraie.

Et en dernier point, mais certainement non des moindres, je tiens à exprimer mon extrême gratitude à tous les jeunes penseurs à propos d'un sujet que tant pourraient être tentés de penser que çela échappe à votre compréhension. Mais c'est précisément sensé vous permettre de vous l'approprier. Continuez à garder votre bouche b.a-B de l'immobilier quoi qu'il arrive!

AU SUJET DE L'AUTEUR

Lisa Puerto est une professionnelle de l'immobilier, Intervenante, et Auteure. En sa qualité de défenseure de la sensibilisation des consommateurs et d'avocate de l'autonomisation et du développement de la jeunesse, Elle continue à lutter pour des manières créatives et innovantes afin d'être une spécialiste à l'écoute de sa communauté et de ses clients.

Pour en savoir d'avantage au sujet de Mme Puerto et la solliciter afin qu'elle intervienne à un atelier/webinar pour votre société, votre groupe, votre association, ou votre école, merci d'envoyer un email à info@realestate100.net ;ou appeler le (323) 488-3265 pour une programmation. www.realestate100.net

TAGGER ET SUIVRE
@REALESTATE100
#REALESTATE100

Rejoins le mouvement en suivant @realestate100 sur Instagram et @ TeenRealEstate sur facebook. Montre ton soutien et poste tes vrais objectifs, tes questions, et tes repères architecturaux préférés
en taggant @realestate100 et #realestate100.

    Pour en savoir plus sur le mouvement #REALESTATE100
et Agent Spécial, Lisa Puerto, rend-toi sur le site
www.realestate100.net

AU SUJET DE CE LIVRE

«Le b.a B de l'immobilier» guide les adolescents à travers les méandres des fondamentaux relatifs à la propriété foncière, et révèle les 7 idées reçues les plus répandues — ou «implants cérébraux»— dans le jeu de l'immobilier. De nouvelles générations d'ados savants de l'immobilier préparées au sujet des termes et des concepts propres au domaine de l'immobilier à travers des questions Vrai/Faux et des illustrations sous forme de textos amusants. Que la classe commence!

www.ingramcontent.com/pod-product-compliance
Lightning Source LLC
Chambersburg PA
CBHW040330300426
44113CB00020B/2708